JOSÉ NOGUERA

Las claves de la motivación

Cómo aprender a cultivar la motivación, mantenerla y enfocarla en la consecución de objetivos

Liberty Spark

Índice

Introducción

Al cumplir los 26 años mi vida cambió. Estaba decidido a tomar las riendas de mi vida y, finalmente, tomé la mejor decisión que pudiese haber tomado: ser emprendedor. La motivación que hube de reunir en el momento en el que decidí dejar mi trabajo para iniciar mi propio negocio no tiene parangón con otras motivaciones que he sentido a lo largo de mi vida. Fue una motivación enorme, inquebrantable, porque perseguía un objetivo ambicioso que transformó mi vida por completo.

No ha sido fácil. Siempre hay momentos de bajón. Pero he adquirido las herramientas que me permiten mantenerme motivado, proyectándome en el futuro, obligándome a trabajar cuando las fuerzas flaquean, convirtiendo esa motivación en un hábito. Y de eso, de cómo lo hice y de lo que descubrí por el camino, es de lo que quiero hablarte en este libro. Te invito a que reflexionemos juntos sobre las claves para mantener la motivación personal que nos lleve a la consecución de nuestros objetivos vitales.

Pero, comencemos por lo fundamental y definamos el concepto central de nuestro estudio:

¿Qué es la motivación?

La motivación es un estado interno, generalmente caracterizado por la ilusión y la euforia, mediante el que conseguimos reunir la energía o el empeño necesarios para llevar a cabo un objetivo determinado.

La motivación es la fuerza interior que aparece en esa persona que decide salir todos los días a correr para bajar de peso o en aquella otra que decide emprender un negocio para ganarse la vida con él. La motivación es un motor que nos mueve en una dirección determinada, que nos señala el camino y que nos obliga a establecer unas metas.

La motivación sin acción no sirve de nada

La motivación, no obstante, no es un estado perpetuo. La motivación sufre de continuos altos y bajos, y con frecuencia nos encontramos con que la motivación que sentimos por cumplir un determinado objetivo no es lo suficientemente fuerte como para levantarnos del sillón, apagar la televisión y emprender las acciones necesarias que nos llevarán a la consecución de esas metas.

Y es que la motivación por sí misma no es suficiente para el éxito si no va acompañada de acción. Toda motivación queda reducida a meras buenas intenciones si esta no se prolonga mediante acciones. Esa persona que siente la motivación de lograr alguna meta no la conseguirá a menos que dé un paso más hacia ella cada día. Y ese es un compromiso que se ha de adquirir con uno mismo.

Solo nosotros sabemos el alcance de las decisiones que tomamos y las acciones que ejecutamos. Solo nosotros sabemos los beneficios que nos reportará cumplir un determinado objetivo, pero estos quedarán en promesas huecas si no emprendemos acciones que nos lleven a conseguirlos.

Se requieren grandes dosis de voluntad para dejar aparcadas las distracciones y ponerse a trabajar para lograr ese objetivo anhelado. Son esos momentos en los que las fuerzas fallan y no te sientes con ánimos de continuar, pero es en esos momentos cuando has de proyectarte a ti mismo en el futuro y pensar ¿qué pasaría si me esforzase ahora para lograr el éxito en el futuro?

Si algo he aprendido en todos estos años es la importancia que reside en el esfuerzo o sacrificio del presente en favor de un beneficio futuro.

La mayor parte de las veces ese "sacrificio" consiste tan solo en romper la resistencia que nos inmoviliza y obligarnos a empezar a hacer algo que creíamos muy cansado o complicado. Cuando por fin hayamos iniciado esa acción a la que tanto nos resistíamos, nos daremos cuenta de que en realidad no era para tanto.

La pereza es una trampa de nuestro cerebro que está muy mal acostumbrado a obtener placer inmediato y muy poco entrenado para pensar a largo plazo. Nos cuesta vislumbrar los objetivos lejanos, pues los vemos tan distantes de nuestro momento actual que somos incapaces de proyectarnos en ellos. Sin embargo, este es un ejercicio fundamental para pasar a la acción y no seguir posponiendo el inicio de nuestra actividad.

La motivación puede entrenarse.

Lo primero y fundamental que hay que entender sobre la motivación constructiva es que no puede conseguirse si no es a través de un estado de pensamiento positivo. Es imposible motivarse, o como mínimo lograr una verdadera motivación, en medio de un estado depresivo. El pensamiento negativo únicamente resta, mientras que el pensamiento positivo tiene un efecto transformador en las personas. Es el efecto de aspirar al éxito, de soñar con una vida mejor, de sentirnos realizados, de sentirnos felices, de sentirnos bien con nosotros mismos. Todo eso se logra gracias al pensamiento positivo, no a los malos augurios o al pesimismo.

Todo estado interno puede entrenarse, y estar motivado es solo un estado más. La positividad y la motivación pueden entrenarse si se adoptan costumbres y hábitos de éxito que fomenten este tipo de estados. Hacer ejercicio, leer libros motivadores, escuchar discursos de personas inspiradoras, escuchar música motivadora, mantener relaciones sanas con los que nos rodean, trabajar en algo que nos guste, dedicarnos a diario a nuestras pasiones, reducir el estrés y conseguir tiempo libre para nosotros mismos. Pueden parecer consejos muy evidentes pero a veces no prestamos atención a lo evidente por resultar demasiado obvio.

En este libro quiero compartir contigo algunas ideas y reflexiones sobre cómo conseguir, mantener y manejar correctamente esa motivación para que puedas alcanzar todas aquellas metas que te has marcado.

Hagamos juntos el camino.

1

Estar motivado

Con toda seguridad has tenido en más de una ocasión esa extraordinaria sensación. A mí me ocurre con cierta frecuencia. Como una vez en la que iba caminando por la calle en un estupendo día soleado y en mi reproductor de MP3 comenzó a sonar *Baba O'Riley* de los Who, momento en el que, sin más, me dieron ganas de quitarme la camiseta, salir corriendo y contarle al mundo lo grande que soy.

También me ocurre cada vez que veo vídeos como ese en el que Benjamin Zander da un discurso de esos que cortan el aliento sobre la importancia de la pasión en todo lo que hacemos[1]. Juro que cada vez que termino de verlo acabo con los ojos llorosos de emoción, invadido por grandes ideas en las que fantaseo que me voy a comer el mundo.

Incluso me ocurre con la mera lectura de las obras de Julio Verne o Victor Hugo, soñando con poseer algún día,

---

[1] https://www.youtube.com/watch?v=d-7GrKiVVfc

aunque sea, una cuarta parte de su talento como escritores.

Esa extraordinaria sensación, que surge dentro de ti como una llama, es la motivación.

La motivación es como una vocecita que habla desde tu interior y que te incita a levantarte del sofá y a hacer grandes cosas con tu vida. Sucede que, en ocasiones, le hacemos caso y es en esos momentos cuando emprendemos cambios vitales que sacuden drásticamente nuestra vida. Cuando encontramos y mantenemos una motivación por algo, nos convertimos, prácticamente, en una nueva persona. Nos sentimos fuertes, nos sentimos invencibles y nos sentimos imparables.

El problema es que la motivación no dura eternamente. A veces basta con llegar a casa tras un duro día de trabajo para que esta se desvanezca. En otras simplemente basta con un mal gesto, unas malas palabras por parte de alguien, para hundirnos y que la motivación desaparezca hasta nuevo aviso. Cuando eso ocurre pensamos: *"¿Qué fue de esa sensación? ¿A dónde se fue esa vocecita que me decía que iba a comerme el mundo?".*

A mí me ocurrió esto mismo durante varios años de mi vida. Harto de malgastar mi tiempo en un trabajo por cuenta ajena en el que me sentía un esclavo, soñaba con crear mi propio negocio, ser emprendedor y no volver a tener jefes nunca más. Cuando pensaba en ello con mucha fuerza conseguía reunir el empuje suficiente como para leer un par de libros sobre emprendimiento y recuperar así la motivación, pero de nuevo esa voz se acallaba al más mínimo contratiempo. Tan pronto como pensaba en crear mi propia empresa aparecían las primeras sombras en forma de excusas baratas: *"es muy difícil"*, *"nunca lo lograré"* o *"¿qué pasa si fracaso?".* Lo cierto es que no pasa absolutamente nada si fracasas, pero eso lo supe a posteriori, cuando definitivamente comprendí en qué consiste, en esencia, la motivación.

El hábito

Voy a revelarte un secreto desde el principio de este libro:

La motivación es un hábito.

Tú eliges tus hábitos, tanto los malos como los buenos, y la motivación es un estado que también se elige. Se elige a través de tus actos y a través de tu forma de pensar. De la misma manera que con el control de nuestras emociones podemos llegar a cambiar un estado triste en un estado alegre, también podemos convertir la motivación en un hábito diario y frecuente en nuestras vidas.

Mantener la motivación activa es algo mucho menos complejo de lo que crees, pero requiere de algo por tu parte: acción. **La acción es lo que convierte una motivación en algo más que un delirio de grandeza.** Gracias a la acción podrás convertir una buena idea en algo tangible, real. A través de la acción es como un emprendedor termina de superar sus barreras mentales para crear una empresa desde cero. Las acciones mueven el mundo, y ha sido a través de ellas como las grandes personalidades de este mundo han convertido las grandes ideas en grandes hechos.

2

Piensa en positivo

Cuanto más vivo y más experimento, más me doy cuenta de la importancia de una correcta actitud ante los desafíos que nos plantea la vida. Los problemas son inevitables, y los vamos a sufrir siempre, pero nosotros podemos elegir afrontarlos desde una perspectiva negativa o positiva.

Durante muchos años de mi vida desprecié la idea del pensamiento positivo. Oír hablar de ese concepto me resultaba anacrónico, irreal. Para mí, el pensamiento positivo no era más que una forma de autoengaño. Cuando a mi alrededor veía a alguien a quien yo consideraba "positivo", siempre pensaba que esa persona se enfrentaba a los problemas desde una perspectiva ilógica. Muchas de estas personas parecían mostrarse despreocupadas ante sus problemas y eso creaba en mí un profundo rechazo, pues yo, precisamente, me preocupaba en exceso por los míos. Pensaba, equivocadamente, que estas personas "positivas" huían de los problemas, cuando en realidad el que estaba huyendo era yo.

Y es que la negatividad es una forma de cobardía, quizá una de las más dañinas. Cuando invadimos nuestros pensamientos de negatividad y nos rodeamos de personas negativas, lo que estamos haciendo es intentar mitigar el dolor que supone enfrentarse a los problemas antes que afrontarlos directamente y con plena conciencia.

Algo así me sucedió con una de mis mayores decepciones amorosas. Me había esforzado, había trabajado para que la relación funcionase, lo había dado todo... Y sin embargo ella me dejó. Como yo no alcanzaba a entender el origen del problema, me cerré en banda y decidí pensar que no era lo suficientemente bueno para ninguna mujer, que nadie nunca más me querría y que estaba abocado a pasar la vida en soledad. Básicamente lo que hice fue ahorrarme todo el proceso de maduración y aprendizaje, con una reflexión que me sirviese para descubrir en qué había fallado, de cara a mejorarlo con futuras relaciones. En cambio, opté por agachar la cabeza, huir del problema y abandonarme a la negatividad.

No fue hasta años más tarde que descubrí que pensar de ese modo era inútil. La mejora se produce a través del progreso humano y este solo sucede mediante la transformación. Mejoramos porque cambiamos cosas, en concreto todo aquello en nuestra vida de lo que no nos sentimos orgullosos. En mi caso, pude comprobar que el pensamiento positivo tenía un efecto transformador en mi persona, mientras que el pensamiento negativo lo único que hacía era restar. A través de esta relación tan básica pude descubrir, por mí mismo, que la negatividad era lo que me frenaba a la hora de conocer chicas, mientras que la positividad me posibilita conocerlas y conectar con ellas.

Debemos asumir y tener muy claro que la gente prefiere tratar con gente positiva. En grupos y entornos sociales el líder suele ser la persona más positiva. Simplemente transmite buenas vibraciones y la gente disfruta con este tipo de personas. El motivo es muy simple: **el ser humano quiere abrazar la felicidad, la alegría y la esperanza.** Luego nos encontramos, con bastante frecuencia, con que muchos de nosotros nos dejamos arrastrar por la negatividad, pero sabemos reconocer los beneficios del optimismo, aunque nos cueste integrarlos en nuestra vida. Esto sucede porque se requieren más esfuerzos y mucha más energía para la positividad que para la negatividad.

3

¿Cómo sé si soy una persona negativa?

A veces no es fácil reconocerse uno mismo como una persona negativa. Podemos intuir que lo somos por las respuestas que nos ofrece el cerebro a los estímulos que recibimos, pero a veces simplemente no sabemos identificar los patrones del pensamiento negativo. Esos patrones son los siguientes:

Magnificación de los problemas

La exageración es uno de los patrones comunes en el pensamiento negativo. Este pensamiento resulta evidente si nuestra tendencia es la de magnificar los problemas que se nos presentan. Una persona negativa suele amplificar los problemas hasta convertirlos en auténticas catástrofes, sin saber encontrar nunca el punto medio o el equilibrio.

Por ejemplo, sería el caso de esas personas que acaban de perder su puesto de trabajo y sienten que van a vivir en la miseria para siempre o que les va a resultar imposible encontrar otro empleo similar.

Sacar conclusiones por anticipado

Es muy frecuente, en personas negativas, sacar conclusiones de algo o de alguien nada más conocerlo, o incluso mucho antes de conocerlo. Es debido a esa negatividad que se sacan conclusiones generalmente equivocadas. Es, por ejemplo, el caso de ese estudiante que ha realizado un examen y que, aun sabiendo que se ha preparado y ha estudiado, siente que va a suspender, generándose así una ansiedad completamente absurda e innecesaria.

Minimizar lo positivo

De la misma manera en la que una persona negativa maximiza los problemas y los convierte en tragedias, hace lo propio con los estímulos positivos pero en sentido contrario, minimizándolos. Una persona negativa minusvalora todo lo bueno que le ocurre o le ofrecen, ya sea un elogio o una muestra de afecto. Principalmente, alguien negativo cree que todo elogio es, en realidad, un cumplido que el emisor del mismo se ha visto obligado a hacer.

Personalizar y culpabilizarse

Otro patrón típico de las personas negativas es el de cargar con toda la culpa de las cosas malas que les suceden. A cada desgracia, a cada contratiempo, siempre encuentran motivos para culparse. De esta manera, la persona negativa siempre encuentra la forma de culparse a sí misma si su pareja le abandonó, si su jefe le despidió o si fracasó en su negocio.

Quejarse por todo

Hemos visto que hay personas negativas que tienden a culparse por todas las cosas malas que le ocurren, pero hay otras que tienen la tendencia opuesta, la de quejarse demasiado por todo y de responsabilizar siempre a los demás. Esta persona negativa siempre encuentra motivos para quejarse de sus gobernantes, de sus familiares, de sus amigos y de su pareja, como si ellos fuesen los responsables de los grandes males que le persiguen.

En líneas generales, como se puede observar en estos ejemplos que he enumerado, la negatividad se exterioriza en la falta de objetividad, la polarización y el extremismo. Para una persona negativa no existen los grises, sino simplemente el blanco o el negro. Esto es lo que provoca que, en la gran mayoría de los casos, las personas negativas pierdan el contacto con la realidad para adentrarse en un mundo propio, repleto de inseguridades, miedos y temores, retroalimentándose con otras personas con su misma visión pesimista y generando un bucle de negatividad que paraliza y reprime a quien lo sufre.

4

El autocastigo

El desprecio hacia uno mismo es una de las constantes en el modo de pensar de las personas negativas, llegando en ocasiones al insulto o a la crítica feroz sobre lo que ellas mismas son y lo que hacen. Frases como *"no valgo nada"*, *"soy un inútil"*, *"todo me sale mal"* o *"nadie puede querer a alguien como yo"* son frases que surgen de un modo muy errado de analizar las cosas.

Cuando alguien formula ese tipo de declaraciones negativas sobre sí mismo lo hace con la intención de castigarse esperando producir así un cambio que le permita evitar caer de nuevo en el mismo error. Esta forma de actuar se sustenta sobre **la idea equivocada de que para motivarnos o corregirnos necesitamos sufrir un castigo.** Muchas personas se pasan la vida entera castigándose, pensando que de ese modo solucionarán mejor sus problemas. Pero lo único que consiguen es generar una corriente de pensamiento negativo que les arrastra, les mina la moral y les destruye la autoestima.

Es bien sabido en psicología que el castigo no es un buen

sistema a la hora de producir un cambio, ni en nosotros ni en los demás. Entonces, ¿por qué lo hacemos tanto? Nadie nos ha enseñado inteligencia emocional, y de haberlo hecho posiblemente habría sido con unas bases equivocadas, las de un viejo paradigma educativo que aún sigue creyendo en el castigo como una herramienta para la mejora de la conducta cuando es precisamente todo lo contrario.

No obstante, la persona negativa, por mucho y muy bien que sepa que el castigo no produce los frutos deseados, sigue insistiendo en ello. Ha convertido el autocastigo en un hábito del que es muy difícil deshacerse. El castigo funciona para ellos como un botón para empujarse a hacer algo o para dejar de hacerlo, pero este efecto funciona solo a corto plazo. A largo plazo esa persona se va desmotivando. Como el castigo no produce los efectos deseados, la persona negativa aumenta ese castigo produciendo un efecto en bucle donde el odio hacia sí mismo aumenta. Este odio es el que se acaba derivando también hacia los demás en forma de ira, rabia o malestar.

Si tú también sufres de este mismo problema, piensa en lo ineficaz que resulta flagelarse de esta manera. Cuando una de esas frases autodestructivas asalte tu pensamiento considera si eso es algo que le dirías a otra persona con el objetivo de ayudarla, motivarla o hacerla salir de una situación difícil.

A nadie, en condiciones normales, se le ocurriría decirle, a alguien que esté pasando por un mal momento, que es un fracaso o que no vale para nada. Precisamente porque sabemos que ese castigo no le va a aportar nada salvo más desazón. Lo mismo que vale para otro, vale también para ti cuando hablas contigo mismo.

5

El perverso hábito de la queja

Uno de los principales síntomas de las personas negativas es la costumbre que han tomado de quejarse por todo. De los gobernantes, de sus familiares, de los amigos, de la gente que no actúa como ellos... Las personas negativas ven motivos para quejarse de todo y por todo, y eso les libera, de algún modo, de la responsabilidad de tomar conciencia verdadera acerca de sus problemas.

La queja es un acto de refuerzo de todo aquello que nos hace sentir mal. La decepción o la tristeza son las emociones que podemos experimentar en primer lugar, pero la diferencia entre una persona positiva y una negativa reside en que esta última decide, a veces inconscientemente, permanecer dentro de ese estado. La queja, el responsabilizar a los demás de sus males, es un acto que le ayuda a reforzar esa idea de que todo el mundo está conspirando contra él.

Las personas que se quejan todo el tiempo han creado una trampa mental en la que la realidad y todo lo que les ocurre en sus vidas diarias les da nuevos motivos para seguir lamentándose. Para ellos la vida es una senda de sufrimiento y el mundo es un lugar demasiado hostil, lleno de gente que intenta estafarles, engañarles o aprovecharse de ellos. Creen que la suerte nunca les acompaña y que solo lo hace con aquellos que han encontrado el éxito.

Al final, cualquiera que oiga constantemente las quejas de una persona negativa, puede acabar creyendo que realmente esa persona es desafortunada o que se están produciendo tremendas injusticias con ella. La realidad es que esta persona no ha tomado control alguno sobre su vida. Y lo peor es que tomarlo requeriría un esfuerzo y unos sacrificios de su parte que no está dispuesta a realizar. Para ella es mucho más cómodo configurar una visión dentro de su cabeza en la que todo lo que le sucede está fuera de su control y que, por lo tanto, no puede cambiar su realidad.

Esa realidad es congruente con su línea de pensamiento negativo. Es mucho más fácil apoltronarse en el sofá, encender la televisión y quejarse de lo corruptos que son nuestros políticos o de lo mal que juega nuestro equipo de fútbol. Lo cierto es que nada de lo que aquellos puedan hacer cambiaría su realidad, pero esto es algo tan difícil de asumir que resulta mucho más fácil adaptar la realidad para transformarla en un campo de minas, donde toda relación o acción queda fuera de su ámbito de decisión y además es intrínsecamente perversa.

Quejarse es altamente adictivo. Cuanto más se queja uno más se interna en el círculo vicioso que le arrastra a seguir haciéndolo hasta acabar transformándolo en un hábito y acabar practicando la queja para el resto de su vida.

Cómo dejar de quejarse por todo

El primer paso para dejar de quejarnos consiste en empezar a asumir responsabilidades. Recordemos que todos nosotros somos, en gran parte, responsables de lo que nos ocurre. Obviamente no podemos ser responsables de absolutamente todo lo que nos pasa en la vida, pues factores externos influyen de manera importante, pero el factor decisivo es, principalmente, qué decides hacer tú para cambiar tu suerte, para cambiar tu vida.

Asumir la responsabilidad de uno mismo no significa asumir toda la responsabilidad pero sí una gran parte. Y eso significa que debemos ser conscientes de que:

» Si no me gusta mi trabajo es mi responsabilidad encontrar otro que me satisfaga más.

» Si discuto con mi pareja, con un familiar o con un amigo, soy responsable de dar el primer paso para reparar la situación.

» Si no llego a final de mes, soy responsable de mi

situación financiera por no administrar bien mi dinero.

» Si hay algo en mi vida que no me agrade, soy el responsable de finiquitarlo.

» Si quiero algo, soy el único responsable de dar los pasos en la dirección adecuada para conseguirlo.

La responsabilidad cuesta de asumir. Es muy difícil de aceptar que, en realidad, no nos gusta lo que estamos haciendo. Es difícil reconocer que nuestro trabajo es insufrible o que nos hemos cargado con más compromisos familiares o financieros de los que podemos asumir.

Pero eludir la responsabilidad no deja de ser un fraude hacia nosotros mismos. No podemos pretender que nos guste hacer aquello que sabemos a ciencia cierta que nos desagrada. De la misma manera que, si sabemos que cierto alimento no nos gusta, no lo comemos, hemos de ser conscientes y dejar de engañarnos cuando realicemos esas acciones y actividades que no nos gustan.

El primer paso para cambiar nuestra vida a mejor es saber reconocer aquello que hacemos que no nos aporta felicidad. Eso es, precisamente, dejar de engañarse. Y por lo tanto, ese es, también, el primer paso para dejar de quejarnos.

6

El pensamiento como filtro de la realidad

El pensamiento actúa en nosotros a modo de filtro de la realidad. Mediante el pensamiento interpretamos y damos significado a todo lo que nos sucede, y esta realidad que construimos con el pensamiento acaba ejerciendo una influencia decisiva a la hora de moldear nuestras emociones.

La respuesta que ofrecemos a los estímulos es lo que construye esos patrones de pensamiento. Si, ante una adversidad, reaccionamos con negatividad, estaremos moldeando y entrenando las emociones para ofrecer siempre una respuesta negativa. Por el contrario, al usar pensamientos positivos para responder a los problemas, estaremos ayudando a configurar en nuestro cerebro una serie de comportamientos que se moverán siempre en un entorno positivo.

El cerebro es un gran desconocido aún, y uno de los retos de la ciencia del siglo XXI es acabar de descifrar su funcionamiento. Pero lo que sí sabemos ahora es que el cerebro es elástico, moldeable y fácil de adaptar a los cambios. Si te has sentido identificado con los patrones descritos en el capítulo anterior y consideras que formas parte del grupo de personas negativas, debes saber que es posible dejar de serlo y convertirse en un ser positivo. Basta con cambiar tu actitud y la manera de enfrentarte a los problemas.

Dejar de pensar negativamente para hacerlo positivamente no implica exterminar de tu mente todo acontecimiento negativo y pensar siempre en colores, como si nada hubiese pasado nunca. Es importante remarcar que convertirse en alguien positivo no significa saber convertir las depresiones en felicidad instantáneamente. La tristeza es un sentimiento humano tan válido como los demás, igual que la ira o el dolor. La diferencia radica en que la persona negativa se deja arrastrar siempre por esos sentimientos mientras que la persona positiva ha aprendido a controlarlos y los mantiene a raya. En todo caso, la persona positiva jamás deja que la tristeza o el dolor le paralicen. Y no es que no sienta o experimente esas sensaciones, es que ha aprendido a relativizarlas, interpretarlas en su justa medida y a no dejar que le dominen.

El filtro de tu pensamiento debe actuar como un modulador. Es posible regular las emociones, aunque es justo decir que tampoco es fácil. Ni en la escuela ni en nuestras familias nos enseñaron inteligencia emocional cuando éramos críos, así que no te sientas culpable por no saber hacerlo. A lo largo del libro iremos viendo y analizando distintas maneras de regular las emociones negativas y convertirlas en un proceso positivo que nos permita mejorar sin necesidad de pasarlo mal. Así **aprenderás a transformar la ansiedad en una palanca de acción, la ira en un simple enfado y la tristeza en un motor de transformación y cambio.**

Experimentar situaciones desagradables y sentirnos tristes con ellas es normal, y nunca debemos pretender que desaparezcan por completo. Eso significaría ponernos una venda en los ojos y engañarnos a nosotros mismos. Lo que sí debemos erradicar es el tipo de pensamiento que solo filtra las emociones negativas y las magnifica, convirtiéndolas en algo demasiado intenso que nos bloquea y nos hace perder el control sobre nosotros mismos.

7

El control de las emociones

Las emociones son vistas en algunas culturas como un tabú, algo que debe ser ocultado ante los demás. Esta línea de pensamiento ha llegado hasta muchas sociedades modernas donde se tiene la idea de que expresar las emociones libremente puede ofender o incomodar a los que nos rodean. El pensamiento negativo incide en esta idea y nos lleva a la creencia de que sentir o experimentar emociones intensas es la principal causa de todos nuestros problemas cuando, en realidad, no es así.

El único problema con respecto a las emociones es ser esclavos de ellas. Una persona negativa solo aprecia los aspectos negativos de una experiencia, mientras que una persona extremadamente optimista solo ve las cosas buenas, obviando lo malo. El pensamiento positivo se sitúa en medio y es el proceso por el cual las personas logran cambiar su realidad a través de procesos constructivos, de los que hablaremos más adelante.

Uno puede dejar de ser esclavo de sus emociones de una manera muy simple: controlándolas. Si te fijas, todas las emociones negativas (ira, ansiedad, depresión, miedo) tienen un factor en común entre ellas: son emociones impulsivas. Es decir, son emociones que nos llevan a reaccionar de forma inmediata.

La mejor forma de autocontrol cuando experimentamos una de estas emociones es detenerse un momento, justo cuando la sentimos. A veces es francamente difícil hacer este ejercicio, pero es a base de practicarlo como se consigue. Cuando sientas una de estas emociones detente un segundo y piensa:

1. ¿Qué tipo de estímulo o amenaza ha provocado que reacciones así?

2. Valora esa amenaza de manera objetiva. ¿Es realmente tan importante como crees? ¿Tiene fácil solución?

3. Considera, basándote en la valoración anterior, si tu reacción se ajusta a una respuesta adecuada o lógica.

4. Relativiza el problema usando el humor y respondiendo a la amenaza con sentido común.

El humor es una fantástica herramienta para relativizar los problemas. Las personas negativas tienden a ver el mundo de una única manera, pero el humor es justamente un proceso que nos permite cambiar ese modo de visualizar el mundo que nos rodea y verlo forma distinta. Las cosas no son siempre blancas o negras, y analizar los problemas con sentido del humor nos permite ver los distintos tonos de grises.

La inseguridad es un rasgo característico de las personas negativas. La incertidumbre no está hecha para ellas, y es por eso que, ante amenazas, las personas negativas buscan respuestas inmediatas que suelen corresponder a sentimientos y emociones impulsivas. Pero esto es una distorsión de la realidad, una trampa que nos preparamos a nosotros mismos. **La realidad no suele responder a primeras impresiones y requiere de análisis más profundos.**

8

La ausencia de miedo

El miedo forma parte de nuestras vidas, pero no todos los miedos pueden ser considerados de la misma manera. Debemos distinguir los miedos biológicos, naturales, como el miedo a la muerte o a las enfermedades, de los miedos subjetivos como el miedo al fracaso o al rechazo. Podemos darnos cuenta de lo absurdos que resultan estos últimos cuando apreciamos como algunas personas sufren una parálisis absoluta por culpa de estos miedos. Cada día hay millones de personas que evitan entablar conversación con alguien simplemente por miedo al rechazo, o que posponen el emprendizaje de un nuevo negocio por el miedo al fracaso o, incluso, por miedo a no saber gestionar el éxito.

El miedo forma parte de nuestra vida como un elemento indisoluble de la misma. Hemos asumido, por ejemplo, que es normal que haya gente que tenga miedo a volar y que es natural estar nervioso en estos casos. Ese es el mismo tipo de miedo que nos lleva a pensar que emprender un negocio es algo demasiado arriesgado, que es más seguro permanecer en nuestros trabajos como asalariados, y quedarnos como estamos, antes que poner en juego nuestra situación más o menos estable. O es el mismo tipo de miedo que algunos sienten cuando han de hablar en público. A pesar de que el riesgo que se asume es, en general, muy limitado, tenemos una conciencia, adquirida colectivamente, que nos lleva a pensar que hacer determinadas cosas comporta un riesgo que se convierte en inasumible.

En muchos casos radica un problema de fondo que es la contemplación del mundo como si de un lugar hostil se tratara. Desde pequeños se nos enseña a base de miedos: *No hables con extraños..., No dejes tu trabajo..., No estudies esto pero sí lo otro..., No hagas esto..., No hagas aquello...*

Prácticamente cualquier decisión que hemos de tomar a lo largo de nuestra vida viene condicionada por el factor miedo, y ese condicionamiento aprendido desde la infancia no nos deja pensar con objetividad.

Ese miedo aprendido es una exageración, una magnificación de los problemas a los que hemos de enfrentarnos en nuestras vidas diarias. **El miedo irracional no es más que una falsa representación de la realidad.** ¿Qué riesgo hay en acercarse a una persona para conocerla? ¿Qué es lo peor que nos podría pasar? ¿Que nos rechace? No hay un riesgo que amenace nuestra integridad física y, aún así, sentimos que, de alguna manera, sufrir un rechazo es algo catastrófico y devastador, cuando en realidad no tiene mayores consecuencias. El miedo al rechazo es solo una herencia de nuestros antepasados, de los primeros hombres que quedaban expuestos y vulnerables a los depredadores si eran expulsados del grupo al que pertenecían.

Es necesario reflexionar sobre lo absurdo de estos miedos irracionales para ponerlos en perspectiva y recuperar el valor de realizar determinadas acciones. Pero ser valiente no equivale a vivir sin miedos. Vivir sin miedo consiste primero en identificar que la situación no es realmente tan terrible y, en segundo lugar, en no dejar que el miedo sea la emoción predominante, controlándolo y supeditándolo a otro tipo de emociones positivas, como la ilusión por superar un reto, o usando el sentido del humor. En definitiva, las personas valientes son aquellas que se enfrentan a sus miedos, y esta es una virtud tremendamente poderosa.

9

Estableciendo objetivos

En mis años como emprendedor de negocios online he podido constatar la importancia de marcarse objetivos e irlos cumpliendo sistemáticamente. Si la motivación es el motor que nos mueve a realizar nuestros sueños, los objetivos son el combustible para esa motivación. Es mucho más fácil alimentar una motivación si esta se encuentra asociada un objetivo concreto que nos hemos comprometido a cumplir.

Cumplir un objetivo no es nada fácil. En nuestra vida diaria nos marcamos múltiples objetivos por cumplir y la mayoría ni siquiera los iniciamos por la inercia en la que nos vemos envueltos. Millones de personas en todo el mundo se marcan como objetivo cada año adelgazar, ponerse en forma, aprender inglés o asistir a clases de baile, pero ¿cuántos lo hacen realmente? Asociada a cada uno de esos objetivos se encuentra una motivación que solo será fuerte en la medida que ese objetivo complete una necesidad de carácter vital en nosotros.

De la misma manera que si estamos sedientos no

pararemos hasta encontrar agua porque el cuerpo nos lo está pidiendo, una motivación que persiga una necesidad extrema para nosotros tendrá más visos de permanecer activa que otra con un carácter más superfluo. Para mí, la motivación de emprender y vivir de mis negocios en Internet supone una motivación máxima, pues viene a completar una necesidad que tengo desde hace tiempo: **poder trabajar en lo que me apasiona y vivir sin jefes ni horarios establecidos.**

Pero así como esta motivación es una necesidad imperiosa para mí, otras motivaciones que he tenido a lo largo de mi vida, como la de aprender a bailar salsa, no respondían una necesidad tan extrema, por lo que la motivación que puedo llegar a tener por ellas va y viene a lo largo de mi vida pero nunca se concreta.

Sin embargo, incluso las grandes motivaciones de nuestra vida tardan en arrancar. A mí me costó varios años encontrar el punto máximo de motivación para comenzar a emprender, así como a otras personas les costó años de sus vidas reunir la motivación suficiente para irse a vivir al extranjero, realizar unos determinados estudios o ponerse en forma.

La razón por la que nos cuesta tanto cumplir los objetivos marcados, aun cuando existe una gran motivación detrás de ellos, es la inactividad. La diferencia entre cumplir un objetivo y no cumplirlo es, principalmente, haber tomado acción en algún momento.

Cuando realizamos el análisis de los objetivos que nos marcamos podemos encontrarnos con dos enfoques extremos que nos acabarán paralizando:

El enfoque pesimista: Nos bloqueamos y permanecemos inmóviles, poniendo excusas simplistas como la falta de tiempo o de dinero para hacerlo, apelando a la dificultad del objetivo o a lo complicado que resulta compatibilizarlo con otras tareas de nuestra vida diaria. En este caso pensamos en el objetivo como una meta inalcanzable.

El enfoque excesivamente optimista: El objetivo nos produce tanta excitación que pensamos que se acabará haciendo por sí solo, lo que conduce de igual manera al inmovilismo y la parálisis. En esta tendencia el objetivo se supone tan fácilmente asequible que lo apartamos para hacerlo en otro momento.

Tanto la tendencia pesimista como la excesivamente optimista tienden a enmascarar la realidad. Una porque no tiene en cuenta las cosas positivas y la otra porque descarta automáticamente las negativas. Ambas son maneras extremas de analizar los problemas. Existe una tercera vía de pensamiento que es la del **enfoque equilibrado**.

Para analizar de forma objetiva y equilibrada una meta hay que contemplar de la misma manera tanto los aspectos positivos como los negativos. Ser objetivos en el análisis nos obliga a actuar, pues ni los puntos negativos ni los positivos suponen una valoración absoluta por sí misma. Al ser objetivos nos obligamos a descubrir por nosotros mismos si podemos llegar a cumplir lo que nos habíamos marcado.

Imagina esto: ha llegado el año nuevo y Sandra quiere adelgazar y ponerse en forma, como la gran mayoría de nosotros con la llegada del nuevo año. Ese es el objetivo que se ha marcado, pero a la hora de analizarlo puede hacerlo de las dos maneras explicadas:

» Puede pensar que es demasiado difícil, que le va a costar levantarse antes de la cama para salir a correr, que está demasiado gorda y no servirá de nada el esfuerzo, que tiene poco tiempo o que se reirán de ella cuando la vean vestida con ropa deportiva. Sandra está siendo pesimista.

» Sandra puede pensar en el objetivo como si ya estuviera hecho. Se imagina delgada, en forma, mirándose en el espejo orgullosa y ligando con el chico guapo del trabajo que tanto le gusta y que ahora ni siquiera se fija en ella. Ve su imagen proyectada en el futuro y le encanta esa imagen. Sin embargo, la sobreexcitación le hace posponer continuamente el inicio de su nueva andadura: *"Estoy tan segura de que lo haré que ya empezaré mañana"*. Sandra está procrastinando.

Pero existe, como he dicho, una tercera forma de analizar su situación. Sandra puede poner en una balanza tanto los aspectos positivos como los negativos de su decisión. En los negativos verá que no es tan fácil como simplemente salir a correr, sino que además debe cumplir con la dieta a rajatabla. También ve como un obstáculo levantarse más temprano de la cama para salir a correr o sacrificar horas de ocio con las amigas para ir al gimnasio y seguir con su entrenamiento. Pero en el lado de las cosas buenas también ve que su meta no es imposible, que es algo factible a medio plazo y que le reportará resultados extremadamente beneficiosos. No solo quiere sentirse más guapa y atractiva, sino que quiere tener una mejor salud en el futuro. ¿Quién podría resistirse a eso?

La visión equilibrada obliga a Sandra a actuar, pues en la balanza los beneficios pesan más que las desventajas. Al actuar, Sandra ya empieza a andar el camino y esta es la parte más difícil. La motivación por ver cumplido su objetivo se mantiene a la semana siguiente, cuando Sandra se pesa por primera vez en la báscula y ve que ya ha perdido dos kilos.

Grábate esta frase a fuego en tu cabeza, porque vas a necesitar recordarla a lo largo de tu vida:

No existe mejor manera de mantener la motivación que comenzar a andar en la dirección de nuestros sueños y ver los primeros resultados de nuestra decisión

10

La acción constructiva

Las personas podemos albergar pensamientos positivos o negativos, pero tener un pensamiento positivo no induce necesariamente a un beneficio o una mejora de nuestra situación. **Todo pensamiento positivo ha de ir acompañado de una acción constructiva.** Esto significa que podemos amar a alguien, lo que constituye de por sí un pensamiento positivo, pero para completar ese pensamiento necesitamos llevar a cabo una acción, como podría ser declarar nuestro amor a esa persona. Esa acción es la parte constructiva y lo que convierte un pensamiento en una acción.

La propia palabra se define por sí misma: constructivo es quien construye o sirve para construir, en oposición a todo aquello cuyo propósito es destruir. Ser una persona constructiva implica moverse en la búsqueda de un logro, de una edificación. La persona constructiva busca que las cosas sucedan, contrariamente a la persona negativa que se resigna a su suerte.

Analiza todo lo que haces a lo largo de un día. ¿Cuántas

acciones constructivas realizas? Sentarse a mirar la televisión, jugar a juegos o perder el tiempo en Internet no son tareas constructivas, sino una forma muy simple de pasar el tiempo y llenar las horas.

En el mismo momento de escribir estas líneas, yo podría elegir entre dedicarme a cualquier entretenimiento o seguir escribiendo y "construir" este libro. Lo primero es un placer fugaz, mientras que lo segundo se mantendrá en el tiempo. Ser constructivo es, principalmente, llevar a cabo acciones que construyan elementos que permanezcan al cabo de un tiempo y cuyo valor aporte un sentido significativo en nuestra vida.

Cuando usamos el término *construir* no nos referimos simplemente a cosas tangibles sino también a relaciones. **Tú puedes elegir qué tipo de relaciones construir con los que te rodean.** Existe una gran diferencia entre diseñar relaciones donde la conveniencia, el interés y la hipocresía lo contaminen todo, y optar por construir unas relaciones basadas en la pureza, la honestidad y el amor sincero.

La acción constructiva es incompatible con la inercia. La inercia es lo que lleva a muchísimas personas en el mundo entero a seguir trabajando en empleos que no les gustan, a continuar con relaciones tóxicas que no les aportan más que disgustos o a dejarse llevar por la corriente sintiendo que no pueden hacer nada para mejorar su vida. Esta es una postura pasiva, y lo pasivo tiene más que ver con lo destructivo que con lo constructivo. Las cosas necesitan cuidarse para que sigan creciendo, y la pasividad es justamente lo contrario, dejar que las cosas se marchiten y mueran por si solas.

Como veíamos antes, es mucho más fácil ser negativo. Para ser negativo solo hace falta hablar mientras que para ser positivo se necesita construir, se necesita "hacer algo". Cuando dos amigos discuten y se dejan de hablar por un tiempo, uno de ellos ha de dar el paso y ser el que reconstruya de nuevo la relación. El que lo haga necesitará dejar atrás el orgullo, los prejuicios y los remordimientos. Se levantará del sillón y llamará a su amigo para hablar con él. Eso requiere más energía y coraje que la postura fácil de no hacer nada y esperar a que sea la otra persona quien dé el primer paso.

11

La conciencia creativa

El pensamiento positivo gira en torno a la idea de ser constructivo. Este es un concepto repetido a lo largo del libro porque resulta de capital importancia para entender la diferencia entre los que piensan de manera positiva y los que piensan de manera negativa.

Ser constructivo significa llevar a cabo las acciones necesarias para arreglar, mejorar o cambiar una situación. Estos actos se ejecutan mediante una conciencia que llamamos conciencia creativa.

Todos nosotros, como seres humanos, albergamos el poder de la creación y el poder de la destrucción. Somos nosotros, con nuestros actos, quienes nos apoyamos más en uno u otro poder. No obstante, se requiere mucha más energía, mucho mayor empeño, para practicar y ejercer el poder creativo.

La destrucción es mucho más fácil; basta con armarse con un martillo y empezar a romper objetos o derribar paredes. Por el contrario, crear es más difícil. Crear requiere una planificación, un diseño, imaginación, energía, entusiasmo, dedicación,... Todos ellos son elementos de carácter positivo. Y lo son porque nos invitan a la acción, a movernos. Son acciones que generan dinámicas de cambio, y por eso nos resultan gratificantes, excitantes, apasionantes.

Tenemos claro que, en general, nadie va a venir a rescatarnos, a solucionar nuestros problemas o a convertirnos en mejor persona. Si lo planteamos desde la perspectiva contraria encontraremos la clave subyacente en la filosofía del pensamiento positivo: **eres tú, y solo tú, con tus decisiones y tus actos, quien genera la corriente de energía necesaria en el Universo para que las cosas empiecen a suceder a tu alrededor.**

La conciencia creativa es la asunción de una responsabilidad, la de uno mismo reconociendo que hay ciertas cosas en su vida que no le gustan y que dispone del poder, la capacidad y el talento para cambiarlas.

Cuando alguien se tumba en el sofá toda la tarde viendo la televisión, o se lamenta todo el día por lo mal que van las cosas, o desprecia todo lo bueno que le pueda llegar a ocurrir, lo que está haciendo es destruir a su alrededor. Está destruyendo todo lo que ha construido y todo lo que el Universo ha construido para él. Se está negando a sí mismo, se está cortando las alas y se está dejando invadir por un pensamiento que le incapacita y le convierte en peor persona.

La conciencia creativa es acción, la acción de emprender los cambios necesarios para mejorar nuestra vida, la acción de transformar los pensamientos negativos en pensamientos positivos, la acción de controlar las emociones de manera que podamos disfrutar de ellas, en vez de dejar que estas se conviertan en una condena para nosotros.

12

Los dos tipos de motivación

Podemos distinguir varios tipos de motivación, pero en mis estudios he observado que, al final, todo se reduce a dos grandes tipos: **la motivación intelectual y la motivación emocional.** Las diferencias entre ambos conceptos nos aportan una nueva mirada acerca del origen de la motivación.

Desde el punto de vista científico, hablamos de motivación intelectual cuando esta sucede en el neocórtex, y hablamos de motivación emocional cuando esta sucede en el sistema límbico. En palabras más accesibles, básicamente estamos hablando de motivación intelectual cuando esta surge a raíz de un análisis lógico y racional, y hablamos de motivación emocional cuando esta surge a partir de un estímulo sensorial como una emoción o un recuerdo.

En términos generales, es mucho más sencillo mantener la motivación cuando esta es de tipo intelectual porque es más fácil de justificar. Sin embargo, para que pueda surgir este tipo de motivación intelectual, antes ha debido producirse una motivación del tipo emocional.

Usemos como ejemplo el famoso vídeo del discurso de Steve Jobs en la Universidad de Stanford. En él, Jobs hace un discurso inspirador en el que invita a los presentes a perseguir sus sueños sin excusas. Es un discurso mítico que ha inspirado a miles de personas. Visto el vídeo, a uno le invade un sentimiento arrebatador, unas ganas terribles de salir a comerse el mundo. Es este tipo de motivación a la que llamamos *emocional* y que se reproduce a partir de elementos sensoriales. En este caso, un bellísimo discurso pronunciado por un hombre forjado a sí mismo y que atravesó etapas muy difíciles en su vida antes de lograr el éxito. Su historia conecta a un nivel muy profundo con nuestras emociones y es por ello que resulta altamente motivador.

No obstante, este estímulo motivacional puede quedar en nada si no se alimenta con una motivación intelectual. En este caso se podría recoger esa motivación emocional para llevarla a un terreno más lógico, tal y como se explicaba en un capítulo anterior acerca de analizar los objetivos de manera equilibrada. Convertir una motivación emocional en una motivación intelectual significa ponderar el impacto real de esa motivación sobre nuestra persona.

Alguien que acabe de escuchar el discurso de Steve Jobs podría preguntarse: *"De acuerdo, quiero hacer algo grande con mi vida, pero, ¿de qué manera puedo hacerlo? ¿Qué opciones tengo?"*. A partir de ahí puede indagar de una manera más lógica, analizando datos, estadísticas o planes que le ayuden a configurar sus objetivos.

Ambos tipos de motivación no son excluyentes sino complementarios, por la misma razón que he expuesto antes: **es muy difícil alcanzar una motivación intelectual si antes no ha existido una motivación emocional, y es muy difícil mantener una motivación emocional si no se alimenta o analiza desde una perspectiva lógica.**

Esto ocurre así porque la motivación emocional es fugaz, pues responde a un estímulo sensorial y prácticamente inconsciente, mientras que la motivación intelectual es más duradera, pues responde a un estudio racional en el que se ponderan datos y reglas.

Planteando grandes metas

Lo mejor de combinar los dos tipos de motivación viene a la hora de actuar, que como ya hemos dicho es el paso número uno e imprescindible para cumplir objetivos. Generalmente se encuentran muchas más razones para actuar si se hace desde un punto de vista lógico que desde un punto de vista emocional. Aunque, como ya hemos visto, el uno es complementario del otro.

La motivación de Carmen era ganar mucho dinero. Para ello, enfocó su carrera profesional en lograr un puesto de trabajo bien remunerado y, al cabo de un tiempo, logró convertirse en directiva de una importante firma de seguros. Sin embargo, pasaron los años y Carmen sentía algo que no va bien dentro de ella, a un nivel muy profundo. Se bloqueaba, perdía la motivación y comenzó a desencantarse con su trabajo. Básicamente, lo que le estaba ocurriendo a Carmen es que realmente no quería dedicarse a lo que estaba haciendo sino que quería hacer otra cosa muy distinta. El problema es que el objetivo que se había marcado era general, ambiguo y mediocre. Ganar dinero, sí, pero, ¿para qué? ¿Quería viajar? ¿Quería comprar una casa con jardín? ¿Quería jubilarse anticipadamente? ¿Qué quería realmente obtener con ese dinero?

Ganar dinero, por sí solo, no puede ser jamás un objetivo único. Cuando nuestros objetivos son mediocres y muy simplistas no obtenemos nunca la energía suficiente para realizarlos, pues no extraemos razones lógicas suficientes para permanecer detrás de ellos. Carmen estaba fuertemente condicionada, ya fuese por la sociedad o por sus prejuicios, pensando que el dinero por sí solo produce la felicidad, cuando, en realidad, el dinero es tan solo una herramienta más para llevarnos a ella, pero no la única.

Lo importante no es solo ganar dinero sino qué es lo que hacemos para ganarlo y qué hacemos con él cuándo ya lo tenemos.

Debemos distinguir las *metas finales* de las *metas significativas*. La diferencia entre unas y otras metas las explica magistralmente el autor y conferenciante Steve Pavlina. A grandes rasgos, lo que explica Pavlina es que una persona puede tener como objetivo una determinada meta final, como en este caso ganar dinero, pero es más importante tener una meta significativa, que corresponde a cómo hacerlo y para qué hacerlo.

Existe una radical diferencia entre ganar dinero trabajando en algo que te produce hartazgo y aburrimiento y ganar dinero trabajando en tus pasiones. Así como nada tiene que ver ganar dinero para acumularlo o ganar dinero para invertirlo en cosas que te hagan sentir mejor, como viajar por todo el mundo o construir el mejor hogar posible para tu familia.

.

13

La motivación y tus hábitos

Como ya mencioné al inicio del libro, mantener la motivación es un hábito como otro cualquiera, como levantarse temprano, cepillarse los dientes tres veces diarias o irse a dormir a las diez de la noche.

Como cualquier hábito, la motivación requiere de un entrenamiento: necesita ser trabajada, cuidada y mantenida. Son muchos los que piensan en la motivación como un hecho aislado y aleatorio, cuando en realidad es tan sólo un elemento más de nuestro carácter que puede ser trabajado para que aflore con más frecuencia y con más fuerza dentro de nosotros.

Independientemente de la motivación que sientas por cumplir con un determinado objetivo, esta ha de ser respaldada por tus hábitos diarios. Muchos de los objetivos que nos planteamos son inalcanzables si antes no se cambian algunos hábitos o se introducen unos nuevos en nuestro día a día.

Los hábitos cumplen una función biológica: ahorrarnos

energía. A lo largo de nuestra vida creamos hábitos en función de nuestros quehaceres diarios, nuestros objetivos, nuestras aficiones o también, y por qué no decirlo, nuestros vicios.

Los hábitos crean sistemas. Los sistemas son facilitadores de procesos. Por ejemplo, podemos tener el hábito de levantarnos a las 6 de la mañana para salir a correr antes de entrar al trabajo, porque sabemos que hacer ejercicio a primeras horas de la mañana activa el metabolismo durante muchas más horas que si lo hiciéramos por la noche, y además cumpliríamos con el proceso (objetivo) de adelgazar en menos tiempo.

En este ejemplo, el hábito es el propio hecho de levantarnos temprano, el sistema es cómo lo hacemos y el proceso es el de adelgazar, que al fin y al cabo es nuestro objetivo final.

Los hábitos como respaldo para cumplir objetivos

El problema que tenemos con los hábitos la mayoría de las personas es que creamos hábitos que nos alejan de la motivación, en vez de acercarnos a ella.

Retomemos el ejemplo anterior y supongamos que quieres adelgazar 10 kilos. Si quieres adelgazar necesitas, antes que nada, eliminar tus malos hábitos alimenticios e introducir otros hábitos saludables. Sea como sea, no lograrás el objetivo de adelgazar si no te comprometes con el cumplimiento de estos hábitos que has de introducir en tu vida. Simplemente, no es factible.

No resulta tan fácil como simplemente decir "*a partir de ahora voy a comer más fruta y más pescado*". No. Lo que has de hacer es adquirir el hábito de mantener ese tipo de alimentos en tu frigorífico, a la vez que introduces el hábito de comer, por lo menos una vez al día, una pieza de fruta.

Del mismo modo es imposible que, alguien que decide perder la timidez y conocer a gente nueva, consiga su objetivo si no adquiere el hábito de hablar cada día con una persona distinta, o si no adquiere al menos el compromiso de conocer a una persona distinta a la semana. En este caso, el hábito obliga a la persona a actuar cada día, manteniendo fresca la motivación por la que todo había empezado.

Establece rutinas sin caer en el aburrimiento

La creación de hábitos genera a su vez una rutina. No me gusta la rutina, pues normalmente va asociada al cansancio, el aburrimiento y la repetición de tareas. Creo que es importante crear hábitos saludables y motivadores, pero evitando que se conviertan en una rutina inamovible.

Lo más importante si caemos dentro de una rutina es intentar cambiar los hábitos que son aburridos y poco estimulantes para nosotros en otros hábitos que supongan retos y generen ambiciones nuevas para nosotros.

Si tu trabajo no te motiva, el primer hábito diario que deberías adquirir es el de buscar ofertas de empleo u oportunidades de negocio más ilusionantes para ti. Dedícale a ese menester un tiempo cada día. De lo contrario corres el riesgo de que te pase la vida y sientas que no has hecho lo que estabas deseando hacer.

Si sientes que discutes más que hablas con tu pareja, adquiere el hábito diario de salir a pasear con ella a una hora tranquila, por el parque, por la playa o por la montaña. Recupera sensaciones, resintoniza con ella.

Si tu día a día te resulta aburrido porque te inundan las obligaciones, incluso cuando llegas a casa, adquiere el hábito de ir reduciendo esos compromisos y consigue tiempo libre para ti mismo.

Construye hábitos para ser más eficaz

Construir una serie de hábitos buenos corresponde a la idea de convertirte una persona más eficaz en la consecución de los objetivos que te hayas propuesto. Las motivaciones, los sueños y las ambiciones seguirán siendo solo aspiraciones si no interviene la eficacia en ellos. Y, así como no todos nacemos igual de bellos, sí que podemos lograr ser tan eficaces como el que más.

Lamentablemente, la eficacia es una virtud más bien escasa. La ineptitud reina en todas partes mientras que la eficacia parece reservada para unos pocos. ¿A qué se debe? Pues a que la eficacia es una capacidad que ha de ser introducida en nuestra vida cotidiana a través de nuestros hábitos. Si no se hace de esta manera, la eficacia queda relegada a un segundo plano por la pereza o el desánimo, al igual que el resto de nuestras emociones.

La mejor manera de comenzar introducir la eficacia en

nuestros hábitos es a través de la puntualidad. Es una forma extremadamente sencilla de ser eficaces. Si entendemos la eficacia como la manera de proponernos hacer algo y simplemente hacerlo, proponte a ti mismo ser puntual a partir de esta fecha. Tanto en tus citas con otros como en tus planificaciones personales. Si te has marcado comenzar algo un día concreto a una hora concreta, hazlo. No lo pospongas.

A medida que vayas adquiriendo buenas costumbres para realizar tus tareas cotidianas observarás cómo te conviertes en una persona más eficaz en prácticamente cualquier cosa que te propongas.

14

Superando los baches de desmotivación

A pesar de entrenar la motivación y de marcarnos objetivos ocurre que, a veces, sufrimos un apagón inesperado en nuestra motivación. Por mucho que deseemos cumplir con un objetivo en ocasiones, sin saber muy bien por qué, nos falta la motivación y, por más que la busquemos dentro de nosotros, no aparece.

En estos casos no debemos desesperarnos. Debemos ser conscientes de que es normal que la motivación no se mantenga al mismo nivel todos los días. El primer paso para superar uno de estos baches es, precisamente, reconocer que sufrimos uno. No aceptar uno de estos bajones nos lleva al autoengaño y nos fustigamos pensando que es inconcebible estar desmotivados. Esto es un error de enfoque. Si afrontamos una determinada tarea engañándonos y haciendo ver que no nos pasa nada, seguramente la realizaremos de forma inefectiva.

Haz lo mismo, pero distinto

Una de las causas principales de estos estados de decaimiento motivacional es la monotonía que nos lleva al aburrimiento. Sencillamente nos aburrimos de hacer siempre los mismo y de la misma manera. Es por esto mismo que la apatía y el bloqueo están presentes en gran parte de los empleos actuales, caracterizados por la realización de tareas repetitivas y alienantes.

La creatividad es un combustible fundamental a la hora de mantener la motivación por algo, sobre todo si es en el ámbito laboral. Si por las características de tu trabajo no puedes realizar tus tareas de una forma creativa procura repensar esas tareas y marcarte retos personales que te permitan aportar un toque creativo a tu actividad.

El gatillo

Existe una técnica para superar uno de estos baches que conoce con el nombre de *el gatillo* en el ámbito de la programación neurolingüística (PNL). Esta es una técnica que trabaja con estímulos que sirven de ancla y se basa en la idea de que es posible recuperar un estado motivacional anteriormente programado conectando la emoción de la motivación con un "gatillo mental". Su eficacia no es igual para todo el mundo pero puede que a ti te funcione y no se pierde nada por probar.

El ejercicio consiste en repetir un movimiento físico o una acción con nuestro cuerpo cada vez que nos sentimos en un punto álgido de motivación. Cuando te sientas extraordinariamente motivado puedes, por ejemplo, cerrar y abrir repetidamente el puño de tu mano derecha, o dar un par de golpecitos sobre algo con los nudillos. Repite la operación siempre que te sientas de esa manera. Con ello, estarás asociando esa acción con ese sentimiento. De este modo, cuando sufras un bajón, puedas activar de nuevo la motivación ejecutando la acción antes programada. Esta técnica también funciona con canciones, textos o vídeos, aunque es más recomendable hacerlo con una acción de nuestro cuerpo porque es más sencilla y rápida de ejecutar.

La proyección

Otra técnica que puedes usar para recuperarte de un bajón motivacional es la de proyectarte en el futuro al momento en el que ya hayas cumplido con tu objetivo.

La pregunta que debes hacerte en este caso es muy simple: *"¿cómo sería mi vida (o esta situación) si consiguiese mantener la motivación y cumplir con mis objetivos?"*. De la respuesta a esa pregunta debe surgir la imagen mental de tu proyección en el futuro. Si quieres adelgazar imagínate en el futuro si cumplieras con tu dieta a rajatabla; si quieres aprender idiomas imagínate en el futuro hablando inglés con un nativo; y si estás creando un negocio imagínate en el futuro ganando dinero, sin jefes ni horarios establecidos por otro.

Esta proyección no tiene nada que ver con el análisis excesivamente optimista del que hablábamos en anteriores capítulos. En aquel supuesto, partíamos de un estado de sobreexcitación que nos paralizaba. Ahora de lo que se trata es de recuperarnos de un bajón.

Todos esos escenarios futuros que imaginas son posibles, pero lo son en la medida en la que permanezcas motivado para afrontar el desafío que supone realizarlos. Nunca he encontrado un sistema mejor para recuperar una motivación cuando creía que ya la había perdido que el de proyectarme en el futuro y verme a mí mismo con el objetivo cumplido, mientras ese *yo* futuro miraba hacia atrás y se daba cuenta de que no había sido tan difícil hacerlo.

Ser constructivo para superar los obstáculos

Lo he repetido varias veces a lo largo del libro, pero es importante incidir en ello: la motivación se alimenta desde un punto de vista positivo, no con el miedo o la amenaza; y la positividad, a su vez, se fundamenta en pensamientos constructivos. De nada sirve castigarse a uno mismo si en algún momento sufrimos un bajón emocional. Pero esto no debe incapacitarnos para actuar de la manera adecuada para superar ese bache.

Sentarse en el sofá para ver la televisión durante horas es lo opuesto a ser constructivo, y sin embargo es lo primero que hacen las personas cuando sufren un bajón. Es tan solo una distracción, un pasatiempo disuasorio, una forma superflua de pasar las horas y dejar que corra el reloj confiando vanamente en que el decaimiento pasará por sí mismo y que la motivación regresará sola.

Rindiéndonos de ese modo o negándonos a afrontar la realidad de nuestro desánimo solo conseguiremos entrar en un círculo vicioso de depresión y frustración, porque en el fondo de nuestro ser sabremos que estamos perdiendo el tiempo haciendo cosas que en realidad no nos aportan nada.

Dejarse arrastrar por la corriente y abandonarse a una vida pasiva es una elección, una actitud mental. De la misma manera tú puedes optar por ser una persona activa, una persona constructiva que decide empezar a hacer las cosas por sí misma.

15

Perder el foco

Seguro que te ha pasado en más de una ocasión. Empiezas un nuevo proyecto que te motiva y te hace estar ilusionado, pero a las primeras de cambio surgen una serie de complicaciones que no tenías previstas. El objetivo se ha convertido, de repente, en algo tremendamente difícil, y cuya consecución va a requerir por tu parte dosis extra de energía. Es entonces cuando pierdes progresivamente esa ilusión, acabas desmotivado y terminas por abandonar el proyecto. La mayor parte de las veces esto se debe las dificultades o los obstáculos añadidos que no habíamos contemplado en nuestro análisis previo.

El foco es una meta determinada en la que tenemos fijada toda nuestra energía y todos nuestros recursos. Perder el foco es el primer paso hacia una progresiva desmotivación que nos acabará llevando al abandono de nuestros objetivos.

Es lo que les pasa a la gran mayoría de personas que se marcan propósitos de año nuevo. El cambio de año tiene un efecto psicológico de borrón y cuenta nueva, por lo que muchos se fuerzan a dejar atrás hábitos perjudiciales –el alcohol, el tabaco, la dieta poco saludable– y se comprometen a llevar una vida más sana o a inscribirse en talleres o clases de algo que siempre habían querido aprender o practicar. Es el mejor momento del año para gimnasios, academias, dietistas y terapeutas de todo tipo

Sin embargo, la mayoría de propósitos de año nuevo no se acaban cumpliendo. En concreto, sólo el 13% de las personas que se marcan propósitos de año nuevo consiguen llevarlos a cabo. Generalmente estos propósitos surgen por una motivación emocional, el estímulo de saber que un año se termina y comienza otro. Esto tiene un efecto psicológico enorme en el ser humano, cuyo cerebro está determinado a mantener una secuencia lógica muy clara entre principio y final, y la toma de conciencia que para nosotros supone el pensar que dejamos atrás un año más de nuestra vida. Y esto no solo ocurre una vez al año, en realidad es igual con cada cambio de semana o cada cambio de mes. La frase de *"el lunes empiezo"* es de las más usadas por los procrastinadores.

El propósito de año nuevo se fundamenta en una motivación exclusivamente emocional y uno no puede sostenerla demasiado en el tiempo, pues no hay soporte racional para ella. Cuando alguien se propone cambiar algún aspecto de su vida con la llegada del año nuevo lo hace por un condicionamiento social absurdo, mediante el cual se plantea los objetivos a través de las fechas de un calendario, por lo que la motivación que experimenta es superflua y totalmente ineficaz a la hora de acometer esos cambios.

Los mini objetivos

Una manera muy eficaz a la hora de cumplir objetivos, y mantener la motivación por ellos, es marcarse pequeños objetivos que sean asumibles.

A menudo he experimentado el interés por aprender algo nuevo, pero la sobreexcitación me ha llevado al agobio por querer aprenderlo aquí y ahora, de manera rápida y fácil.

Al plantear objetivos pequeños y fácilmente realizables esa presión desaparece, y cumplimos con un requisito fundamental para mantener la motivación: ver progresos a lo largo del camino.

Quizás uno no pueda perder diez kilos en un mes –desde luego no parece sano– pero sí que puede fácilmente perder cuatro. Al otro mes puede perder otros dos –recuerda que siempre es más fácil perder kilos al principio de un entrenamiento–, y al otro mes puede perder dos más, y así sucesivamente hasta llegar al peso deseado.

Dividiendo un objetivo en etapas pequeñas facilitamos la consecución al poder vislumbrar un progreso que de otra manera se nos haría eterno. No es lo mismo plantearse perder 4 kilos que 10. Reduciendo un poco nuestras expectativas a corto plazo nos aseguramos de que, como mínimo, la primera etapa será concluida con éxito, lo que nos da el combustible necesario para seguir motivados.

16

Visión sobre visibilidad

El título de este capítulo me lo sugirió un verso en una de las canciones del grupo irlandés U2, *vision over visibility*. Define a la perfección esa situación en la que frecuentemente nos cuesta visualizar los elementos concretos de nuestras aspiraciones. Es decir, que habitualmente nos falta definición en nuestros proyectos porque tenemos una visión global de los objetivos que nos marcamos a lo largo de nuestra vida pero nos quedamos cortos en la visión específica de los mismos.

¿Y por qué es importante esa visión específica? Porque es la que nos mueve precisamente a la acción. Cuando pensamos en grandes metas y objetivos vitales solemos pintar la imagen con trazo grueso. Es muy habitual pensar en hacer algo grande en nuestra vida, pero cuando nos planteamos ir más allá del delirio de grandeza es cuando surgen los bloqueos mentales. *"Quiero hacer algo importante en mi vida, pero ¿cómo hacerlo?"* Muchas veces no sabemos ni por dónde empezar ni mucho menos cuáles son los hitos por los que tenemos que ir pasando.

Este bloqueo inicial es el que nos lleva, en ocasiones, a perder la motivación que teníamos inicialmente. Pero este bloqueo no debe hacernos abandonar. Lo que debemos entrenar a partir de ahora, sobre todo antes de comenzar cualquier proyecto, es a adquirir la visión específica y detallada de nuestras metas.

Visión global

Javier es un amigo mío que, hace ya algunos meses, me propuso un reto a medio plazo: participar en triatlones. Javier tenía esa motivación porque de joven había practicado atletismo pero tuvo que abandonar su actividad deportiva muy pronto y aún tenía el deseo de retomarlo. El reto era importante, sobre todo porque, tanto él como yo, tendríamos que entrenar muy duro para conseguirlo. Ambos practicamos deporte con asiduidad pero correr un triatlón requiere de un entrenamiento muy específico acompañado de varios sacrificios. Realmente tenía serias dudas de si seríamos capaces de cumplir con todo lo que debíamos hacer para lograr esa meta.

Todo esto se lo expliqué a Javier. Conforme le iba explicando mi parecer sobre el asunto su cara iba cambiando. Pude notar cómo le estaba desmontando la idea. Sin embargo no estaba haciendo más que un análisis realista de la situación. Somos perfectamente capaces de participar en un triatlón: somos jóvenes, gozamos de buena salud, practicamos deporte y disponemos de tiempo libre para entrenar. No obstante, no podíamos ni debíamos obviar las dificultades y las complicaciones que tendríamos que superar: cumplir con un plan de entrenamiento duro, respetar la dieta, sacrificar tiempo de ocio para entrenar y la necesidad de invertir dinero en un buen equipamiento deportivo. Esto es, ni más ni menos, el análisis equilibrado del que hablaba en anteriores capítulos pero dentro de una visión global del conjunto.

La visión específica

Mi amigo Javier se quedó solo en esta visión global. Aún apreciando el esfuerzo que hizo por comprender los pros y las contras de su objetivo, le costaba alcanzar la visión específica.

El proceso mental de Javier pasa por encontrar esos aspectos positivos y negativos y ponerlos en una especie de balanza. Aunque la balanza se decante por el lado bueno, Javier sigue, meses después, sin haber empezado el entrenamiento. Cuando le recuerdo el tema me sigue hablando de lo fascinante que sería hacerlo, de lo motivadora que le resulta la idea y del reto tan ilusionante que supondría para él. Entonces, ¿por qué no empieza a entrenar si tanta ilusión le hace? Le falta la acción. Actuar. Dejar de darle vueltas al asunto y simplemente hacerlo.

La visión específica va de lo global a lo concreto. Si Javier tuviese entrenado este tipo de pensamiento extraería, de lo abstracto de su idea –correr un triatlón–, todas esas pequeñas cosas que hay que hacer para llevarla a cabo:

- Comunicar a mis más allegados mi decisión de entrenar para participar en triatlones y comprometerme públicamente con ese objetivo.

- Diseñar un plan de entrenamiento específico para tal efecto.

- Diseñar una dieta acorde a ese plan de entrenamiento.

- Establecer un horario para entrenar cada día.

- Mentalizarme para decir que no a todos los planes que me propongan que interfieran en el objetivo.

Si te fijas, no hemos hecho más que elaborar un plan con los pasos a seguir una vez tenemos tomada la determinación de llevar a cabo nuestra misión. La acción necesita de un plan, y ese plan llega cuando se tiene una visión específica. **La visión específica es lo que separa una mera ocurrencia de una meta clara**, y es el paso ineludible para saber si de verdad algo nos motiva o simplemente estamos buscando algo de relleno para un vacío existencial de los que sentimos cada cierto tiempo en nuestras vidas.

17

La grandeza de tus objetivos

El propósito que tenía mi amigo Javier de participar en un triatlón es un ejemplo, de entre muchos otros, de los múltiples objetivos que nos marcamos a lo largo de nuestra vida y que nunca cumplimos. Con el tiempo he aprendido a medir la importancia de todos los objetivos que establezco y he podido averiguar que, con frecuencia, los objetivos que más me han motivado han sido los que suponían un verdadero reto para mí, por el cambio drástico que implicaban tanto para mi vida como para mi relación con los demás.

No hay nada malo en plantearse retos audaces. Si no fuera por este tipo de retos la humanidad no habría evolucionado de la manera en la que lo ha hecho. La mejora de nuestras aptitudes y nuestro bienestar ha motivado a millones de personas, a lo largo de nuestra historia como especie, a plantearse sus objetivos. Por el contrario, el inmovilismo se ha traducido, generalmente, en los pasajes más oscuros de nuestra historia.

El fracaso como aprendizaje

Marcarse objetivos ambiciosos que supongan un reto es un arma de doble filo: puedes fracasar o puedes vencer. Sin embargo, los fracasos también son una forma estupenda para aprender sobre nosotros mismos. De todos los fracasos de mi vida –y han sido muchos– he extraído lecciones muy valiosas acerca de mis limitaciones. Hoy soy una mejor persona que hace un año, sencillamente porque en ese tiempo he fracasado muchas veces.

Si planteas un gran objetivo y fallas al intentar realizarlo, estarás aprendiendo algo. Con cada fracaso he descubierto algo nuevo sobre mí. Un prejuicio, una barrera, un obstáculo que no tenía detectado y del cual he adquirido conciencia. Tomar conciencia sobre las limitaciones de cada uno sirve para ir ajustando nuestras metas para hacerlas cada vez más realizables. Pero este aprendizaje solo se consigue a través de las grandes metas.

La pirámide de Maslow

La *Pirámide de Maslow* es una teoría formulada por el psicólogo Abraham Maslow en el año 1943. Esta teoría, también conocida como Jerarquía de las Necesidades, explica por qué algunas personas se marcan grandes objetivos y otras simplemente se conforman con vivir sus vidas día a día.

Según Maslow, las personas desarrollamos necesidades y motivaciones a medida que cumplimos con las necesidades básicas. Maslow dibujó una pirámide, dividida en cinco niveles, que son, de abajo a arriba, las siguientes::

» Necesidades fisiológicas. Las indispensables para vivir, como respirar, beber, comer, dormir,…

» Necesidades de seguridad. Mantenernos a salvo, mantener nuestra integridad física, proteger nuestros bienes e intereses, asegurar nuestro bienestar,…

» Necesidades sociales. Formar una familia, tener amigos, ser aceptados socialmente, conseguir pareja o relaciones sexuales,…

» Necesidades de autoestima. La necesidad de ser reconocidos por nuestros méritos y de adquirir un determinado estatus en la sociedad.

» Necesidad de autorrealización. Este nivel lo catalogó Maslow como la *motivación del crecimiento*, y es el que explica la necesidad de algunas personas de hacer grandes cosas o encontrarle un sentido a la vida mediante la realización de una actividad trascendente.

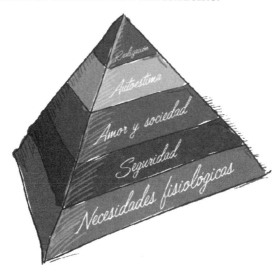

Maslow explicaba que las necesidades más altas solo aparecen a medida que las bajas se van cumpliendo. Tiene sentido, pues comer o dormir es más importante que cualquier otra cosa. No obstante, una vez nos hemos asegurado ese sustento la tendencia del ser humano es aspirar a niveles más altos de realización. Sin embargo, no todo el mundo aspira a tales niveles sino que hay quien se queda estancado en alguno de ellos. ¿A qué es debido? Principalmente, a que las necesidades más altas requieren ciclos de motivación más duraderos.

Las necesidades básicas requieren de un ciclo explosivo. Cuando tienes mucha hambre tu pensamiento se centra exclusivamente en saciar tu estómago. Al ser una necesidad extrema para tu cuerpo, tu motivación es altísima, pero esta se esfuma tan pronto como consigues alimento.

Por el contrario, las grandes necesidades no cubren, en principio, una necesidad extrema y, por lo tanto, requieren de una motivación prolongada en el tiempo.

18

¿Te gusta lo que haces?

Voy a plantearte una pregunta, y quiero que la respondas con total sinceridad. Total, nadie te está escuchando, tan sólo tú vas a oír la respuesta. Ahí va:

¿Eres feliz con tu trabajo?

Si has respondido con total sinceridad, y aún sin conocer la respuesta, es muy posible que estés dentro del 87% de la población mundial que afirma sentirse aburrido con su trabajo o que, directamente, lo detesta. Sí, has leído bien, casi 9 de cada 10 personas en el mundo. Esa es una cifra lo suficientemente alta como para dar la voz de alarma en este asunto.

Hace ya algunos años decidí emprender una misión vital consistente en fabricarme para mí mismo un trabajo que me hiciese feliz. Antes de eso pasé muchos años, desde los 16 hasta los 28, trabajando en empleos que me producían hartazgo y que ahogaban completamente mi creatividad. A mí no me servía de consuelo saber que eso es lo habitual, que la mayoría de las personas viven sus vidas trabajando en empleos que odian. Fueron los suficientes años como para saber a ciencia cierto que yo no quería vivir mi vida de esa manera.

Existe una poderosa razón por la que la gran mayoría de personas trabaja haciendo cosas que no le gustan: el condicionamiento social. Desde pequeños somos entrenados para un estilo de vida consistente en el consumo y para el que tenemos que ganar dinero sea como sea. El sistema educativo está diseñado para formar a las personas para que adquieran las capacidades básicas necesarias para desarrollar la mayoría de los trabajos que se demandan, y la mayoría de nosotros escogimos carreras profesionales que no nos gustaban simplemente porque eran las que más demanda de trabajo tenían o porque daban acceso mayores remuneraciones en el mercado de trabajo.

Con el paso de los años dejamos de pensar en estas cosas y no nos cuestionamos si la decisión fue la más acertada. Nos basta con llegar a final de mes, pagar las facturas y mantener a nuestra familia. La inercia nos lleva a una huida constante hacia adelante. Y, cuando en algún momento de nuestras vidas, sufrimos una crisis de identidad en la que nos preguntamos qué demonios estamos haciendo con nuestra vida, rápidamente ahogamos esos pensamientos porque sabemos que nuestro entorno no aceptará fácilmente un cambio radical en aquello que hacemos.

Nuestros mayores nos metieron en la cabeza que la vida es sacrificio y que el trabajo es tan sólo uno más de esos sacrificios que tenemos que hacer. No importa si este no es de tu agrado, si cada día en tu trabajo es una tortura. Eso es lo de menos, te dicen. Lo importante, según ellos, es conservar el trabajo para mantener la seguridad.

Estudiar, casarse, tener hijos, trabajar, comprarse una casa, un automóvil... Según el condicionamiento social al que estás sometido, si haces todas esas cosas habrás tenido éxito en la vida. Estarás haciendo exactamente lo que se supone que deberías estar haciendo. Pero tarde o temprano te das cuenta de que vivir una vida de compromisos basada en satisfacer las necesidades de otros no representa éxito alguno, sino todo lo contrario, el mayor de todos los fracasos. Tan sólo serás uno más en la rueda, un ladrillo más en la pared.

Si te sientes identificado con la explicación anterior es momento de pensar que quizá hasta ahora no te habías parado a reflexionar sobre en qué consiste ser feliz.

Ghandi lo definió de manera soberbia:

"La felicidad se alcanza cuando lo que uno piensa, lo que uno dice y lo que uno hace están en armonía"

Uno encuentra más motivación cuando sus deseos van alineados con sus metas. No existe mayor motivación que esa. Ser consciente de qué es lo que tienes que hacer para ser feliz y empezar a recorrer ese camino. Sencillamente, no tiene precio.

Déjame decirte que si buscas remedios milagrosos para estar motivado en aquello que estás haciendo y que sabes que no te llena, no vas a encontrarlos. Es ineludible que hagas acto de autoconciencia y te replantees si la vida que estás viviendo es la que siempre soñaste. Si la respuesta es negativa debes ponerle remedio ya.

Diseña una vida de la que te sientas orgulloso. Plantéate retos ambiciosos. Sal de tu zona de confort. Si no lo haces, simplemente estarás poniendo límites artificiales a tu vida. Y no existe ningún motivo de peso para hacer eso. ¿Quién querría autolimitarse? ¿Por qué preferir seguir siendo mediocre a tomar la vida por los cuernos y transformarla de arriba a abajo? ¿Quién te impide hacerlo?

La ficción de la de seguridad

La idea de seguridad está sobrevalorada. Constantemente nos bombardean con la idea que es mejor la seguridad que el riesgo. ¿Cuántas de estas frases no hemos oído decenas de veces?

"No abandones tu trabajo."

"No hables con extraños."

"Compra una casa, no la alquiles."

"Asegúrate tu futuro."

"No te arriesgues."

Esta mentalidad tan solo provoca inmovilismo. Nuestra sociedad está formada por un ejército de cobardes que se han tomado esos consejos al pie de la letra y que han preferido mantenerse dentro de un círculo de confianza donde todo es estable y todo es seguro.

A todos nos gusta cierta estabilidad pero demasiada

estabilidad es improductiva y perjudicial para nuestra felicidad. Vivir siempre dentro de ese círculo hace que vivamos la vida a la defensiva, protegiéndonos de todo lo que nos resulta ajeno.

En vez de plantearnos retos que nos hagan salir de ese círculo, seguimos actuando para fortalecerlo, manteniendo puestos de trabajo que nos hacen infelices, o aguantando situaciones que hace ya tiempo que sabemos que son insostenibles si queremos encontrar la felicidad.

Vivir una vida sin retos es sinónimo de vivir una vida sin motivación. Lejos de esa falsa sensación de seguridad, la motivación se encuentra al plantear retos que nos hagan crecer como personas, aspirando a esa autorrealización de la que ya hemos hablado. ¿Recuerdas la pirámide de Maslow? Las motivaciones elementales resuelven una necesidad básica, pero son las de arriba las que perseguimos en pos de una trascendencia. Tenemos la misión última de hacer algo importante en nuestras vidas, de sentirnos autorrealizados y de sentir que hemos cumplido un objetivo más grande que nosotros mismos en este mundo.

Ser ambicioso

No hay nada malo en plantearse objetivos ambiciosos. Todo lo contrario. La motivación es más fuerte cuanto más grande es el objetivo. La motivación es extraordinaria cuando esta persigue un efecto transformador en la vida de una persona.

No existe fuerza comparable a la de un ser humano persiguiendo sus sueños. Recuerda:

"Cuando deseas algo el Universo conspira a tu favor".

Sin embargo, no esperes a que eso ocurra por sí solo. El Universo tan sólo se mueve si tú lo haces antes. Con tu movimiento creas una corriente de actos que hacen que tu vida se mueva a una velocidad mayor a la que lo hacía antes. Y, de repente, empiezas a perseguir tus sueños y ves que todo cuadra, que lo que te contaron de pequeño ya no sirve, y que un mundo nuevo se abre ante ti, imponente, aguardando, esperando a que lo conquistes.

Ninguna gran hazaña se logró a partir de objetivos humildes sino de grandes metas y de personas que no se conformaron con vivir la vida que les habían programado otros, sino que aspiraban a vivir las vidas que anhelaban. Las personas de éxito se caracterizan por no conformarse con las circunstancias de su vida, sino por labrarse un futuro a su medida y según sus propios deseos y convicciones.

19

Entrenando la motivación (i): recuerda el valor de tu esfuerzo

Ocurre a veces que nos marcamos objetivos con mucha ilusión pero estos van perdiendo valor con el paso del tiempo. En algún momento concreto de nuestra vida surgió una necesidad o un interés y encontramos la motivación para llevar a cabo ese objetivo. Pero la consecución parcial del objetivo, o la aparición de nuevas necesidades o nuevos intereses, pueden desviarnos del objetivo inicial y dejar en nada el tiempo, el esfuerzo y el ánimo invertidos en él.

Un claro ejemplo es el de Juan, un conocido mío que fue despedido de su empleo en plena época de crisis económica. En esa coyuntura no le era fácil conseguir trabajo, por lo que decidió mejorar su currículo aprendiendo inglés. Juan se inscribió en una escuela oficial de idiomas y empezó a estudiar el idioma inglés con interés. Pero, mira tú por dónde, a los pocos meses una empresa le llamó para trabajar en un puesto para el que no se requería el inglés. Al conseguir un empleo Juan perdió el interés por aprender el idioma, pues la motivación inicial de aprender inglés era simplemente la de facilitar la tarea de buscar trabajo, no la de aprender el idioma. La motivación de Juan perdió valor pues ya había conseguido el objetivo.

Al poco tiempo Juan descubrió que el empleo no era exactamente como le habían prometido y que la empresa en realidad estaba cubriendo un pico de demanda puntual. Y a los pocos meses Juan fue despedido. ¿Qué ocurrió entonces? Juan quiso retomar sus estudios, pero la plaza en la escuela ya la había perdido. Y todo lo que había aprendido en el tiempo que estuvo estudiando lo acabó olvidando. Tiempo y dinero perdido.

Las motivaciones, aun teniendo raíz en objetivos tan concretos, deben ser afianzadas en valores universales e inequívocos. Aprender inglés está bien y es necesario, y aprenderlo debería ser una motivación suficiente por sí sola, pues aporta una utilidad y un beneficio perpetuo a la persona que lo aprende. Pero **un objetivo mal definido y una motivación mal enfocada tan solo nos desvían de nuestros auténticos propósitos vitales.**

No existe justificación para dejar de emprender acciones vitales que supongan un cambio a mejor en nuestras vidas, y esto debería resultar independiente de si hemos logrado aquello que pretendíamos antes de tiempo o no.

El valor universal de una motivación

Lo expuesto en el ejemplo anterior ocurre también con otro tipo de motivaciones. Piensa en el tipo que decide ponerse en forma para conquistar a una mujer pero, una vez consigue entablar una relación con ella, pierde de vista su meta abandonando su cuerpo nuevamente y perdiendo el buen aspecto y el estado saludable conseguido con tanto esfuerzo. Piensa también en ese fumador empedernido que siente la motivación de dejar de fumar, y lo acaba consiguiendo, pero, tras una ruptura amorosa, sufre una crisis y vuelve a hacerlo.

Pocas cosas rompen más con la habilidad para mantener la motivación de las personas que conseguir un objetivo para después abandonarlo a las primeras de cambio. Si sientes la motivación por hacer algo que cambie tu vida para bien y con el tiempo acabas perdiendo esa motivación, recuerda el valor intrínseco que aún alberga. Recuérdate a ti mismo el esfuerzo que te supuso, la ilusión que tenías cuando empezaste y los beneficios que te reportó.

20

Entrenando la motivación (II): tu flujo de energía

La energía de nuestro cuerpo no es un valor absoluto que se mantiene siempre alto, sino que atraviesa momentos altos y otros bajos.

Es posible que hayas sentido en numerosas ocasiones cómo tu cuerpo respondía de manera irregular a los estímulos, y ello se debe al constante flujo de energía que varía a lo largo del día.

Con el tiempo he descubierto que tengo más energía en determinados momentos del día, como a primera hora de la mañana y a media tarde. Probablemente tú tendrás otros momentos distintos del día en los que notes esos picos energéticos. No importa cuáles son tus mejores momentos del día, lo que importa es que son estos momentos, precisamente, los que han de ser aprovechados para ejecutar esas tareas que requieran más de nuestra parte para cumplir con un determinado objetivo.

Prioriza

Uno de los principales motivos por los que abandonamos algo antes de tiempo es porque no sabemos priorizar. A veces queremos abarcar tanto que nos comprometemos a hacer muchas cosas, desatendiendo precisamente aquellas que más nos importan. La energía debería fluir precisamente hacia todas aquellas cosas importantes dejando la energía de reserva para las cuestiones menos importantes o que requieren de menos dedicación por nuestra parte.

A partir de ahora debes priorizar, anteponiendo aquellas actividades que sabes a buen seguro que te reportarán más beneficios, o que te ayudarán a progresar en la consecución de un objetivo, a las actividades superfluas. Todos sabemos que ver una serie de televisión no es algo tan importante en nuestra vida como para anteponerlo a la realización de un trabajo que nos reportará un beneficio económico o a prepararnos para un examen, y aún así no siempre actuamos en consecuencia. Todo aquello que no sea prioritario en tu vida, y que pueda ser pospuesto, debería supeditarse a lo realmente importante para ti.

El modo automático

En nuestra vida diaria tomamos decisiones continuamente, pero no todas las decisiones que debemos tomar son igual de relevantes. Podemos clasificar las decisiones que tomamos en dos grandes categorías, las de bajo impacto y las de alto impacto.

Una decisión de bajo impacto es, por ejemplo, escoger la ropa con la que vestirnos para un día normal de trabajo o qué prepararnos ese día para comer. Estas decisiones no tienen una repercusión determinante en nuestra vida y, por lo tanto, son decisiones que sería más práctico tomar de manera automática sin tener que dedicarles tiempo y recursos mentales que podríamos estar dedicando a otras decisiones más importantes.

Si te has dado cuenta de que sufres una falta de consistencia en tus objetivos por falta de energía es muy posible que se deba a que la estás malgastando a lo largo del día en decisiones de bajo impacto. Los recursos del cuerpo son limitados. El cerebro es un consumidor voraz de energía, pero hay que entrenarlo para que destine ese consumo a las tareas importantes. Cuántas veces nos hemos encontrado al final del día completamente agotados pero con la sensación de no haber hecho nada de provecho en todo el día.

Para evitar estas situaciones es recomendable adquirir el hábito de automatizar las decisiones de bajo impacto. Este hábito es una herramienta de tremenda utilidad para reservar energía para lo que realmente importa: cumplir con los objetivos de alto valor.

Para optimizar nuestro tiempo y esfuerzo **debemos identificar y automatizar el mayor número posible de decisiones de bajo impacto, de manera que nuestro cerebro pueda procesarlas rápidamente sin necesidad de usar demasiada energía en ellas.**

Veamos unos cuantos ejemplos muy simples de

automatizaciones de este tipo que puedes poner en práctica:

» Ordena el armario por adelantado para disponer cada día de un conjunto de ropa preparado de antemano. Tan pronto un conjunto sea utilizado es reemplazado por el siguiente. Al levantarte por la mañana y vestirte, simplemente coge el primero que tienes preparado.

» Hazte una cesta de la compra básica especificando la marca y tamaño concreto de todos tus productos de consumo diario. Cuando vayas a hacer la compra será tan fácil como escoger siempre el mismo producto sin detenerte a analizar el resto ni comparar precios. Puede que pierdas la oportunidad de ahorrar unos céntimos en alguna oferta puntual, pero ¿realmente compensa el tiempo y el esfuerzo mental invertido en ahorrar solo unos céntimos?

» Diseña un menú de comidas para toda la semana. Así no tendrás dudas sobre qué cocinar y comer cada día. Planifica comidas que sean fáciles y rápidas de hacer o aprovecha para cocinar varias a la vez y dejarlas preparadas para el día siguiente.

» Limpia tu casa siempre en el mismo orden y con un patrón establecido.

» Dedica un único día al mes para gestionar tus pagos y facturas. Tratar de mantener en la memoria cuándo hay que pagar cada cosa requiere de un gasto mental excesivo. Mejor planifícalo y cíñete al plan.

» Trata de tomar las decisiones más importantes temprano en el día y resérvate los momentos de ocio para las últimas horas del día. Generalmente el ocio casero requiere de menos energía mental y lo podemos dejar para el final del día, cuando ya no tengamos tanta energía para decisiones importantes.

La importancia del descanso

En la gran mayoría de empleos apenas se da importancia al descanso. En la mayoría de trabajos, estar ocho horas de la jornada laboral sin apenas descansar es la vía directa al estrés, a la pérdida de energía y, por extensión, a la pérdida de la motivación.

Solo hay unos pocos empleos, en los que la falta de descanso puede ser un factor de riesgo, donde se establecen periodos de descanso. Es el caso de conductores de autobús o de controladores aéreos. Pero la falta de descanso no solo afecta a la seguridad sino también a la actitud del empleado y, por extensión, a la productividad.

Para evitar el hastío y mantenernos siempre motivados y ser lo más productivos posibles, es recomendable establecer pausas para descansar. Estas pausas no tienen que ser largos descansos. Por ejemplo, si estamos haciendo un trabajo de larga duración, podemos hacer una pausa de entre 5 y 10 minutos cada hora. El cuerpo repone energía con el descanso y de ese modo retomaremos al trabajo siendo más eficientes.

Pero el agotamiento no solo se acumula a diario, sino que lo hace también durante largos periodos de actividad. Por eso es importante establecer también días de desconexión periódicos. Yo reservo dos fines de semana al mes para irme a la costa o a la montaña para descansar y reponer fuerzas, y siempre que lo hago noto como mi energía vuelve cargada a tope para seguir trabajando en mis proyectos. Tú deberías, en la medida de lo posible, hacer lo propio y descansar y desconectar periódicamente.

21

Entrenando la motivación (III): compite contigo mismo

Competir contra uno mismo no solo es una manera estupenda de superar los baches de motivación sino también de mejorar ciertos aspectos de tu vida. En una sociedad en la que el éxito se exterioriza fundamentalmente a través de la ostentación, se fomenta una competencia feroz contra los que nos rodean. Has de ser mejor que tus compañeros de trabajo, has de sacar mejores notas que tus compañeros de clase, has de ganar más dinero que el vecino y tener una familia más bonita que la de tus amigos. Allá donde dirijamos nuestra mirada nos encontramos esta competencia que apenas nos deja respirar.

Cuando la competencia es con los demás se produce un efecto contraproducente. El valor de superar a otra persona ejecutando una determinada acción no determina el valor real de una persona. El reconocimiento que se obtiene de una competencia entre personas es irreal y ficticio. Tan solo en el deporte puede considerarse una competencia justa la lucha contra otras personas, pero aun así deberíamos tener en consideración las circunstancias personales y otros condicionantes que pueden afectarnos y que nos ponen en clara desventaja, ya sea el mundo laboral o el de las relaciones humanas.

La mayoría de veces he encontrado mayor satisfacción cuando la competencia era conmigo mismo. Recuerdo que en uno de mis antiguos empleos debía llamar a clientes para concertar una cita con ellos. La tarea, que no me ofrecía ninguna motivación en absoluto por lo tediosa y aburrida que era, se convirtió en una pequeña motivación gracias a una competencia que diseñé conmigo mismo. La competición consistía en concertar el máximo de citas en el período de una hora. Un día conseguía cinco citas, al día siguiente ya eran siete, y al otro, nueve.

Esto hizo que no odiara tanto un trabajo que me estaba resultando insoportable. La competencia con uno mismo puede ser divertida y puede ser una salida estupenda para todas aquellas labores que estamos obligados a hacer aún sin tener demasiadas ganas de hacerlas. Pero, además, competir con uno mismo te obliga a superarte en ciertas facetas de tu vida que es posible que tengas algo descuidadas.

Convertirse en un corredor de fondo

Si planteas tus objetivos a través de pequeñas metas no habrá excusas para no hacer aquello en lo que estás motivado. Conviértete en ese corredor de fondo que jamás se rinde, que se supera a sí mismo y que bate sus récords con cada nueva carrera. La sensación de superarse a uno mismo provoca un estado de motivación continua alimentado por el orgullo de ver que se ha cumplido con un objetivo, la felicidad de saber que se está haciendo lo correcto y la ilusión de ver los primeros resultados de haber convertido una motivación en algo real y tangible.

La motivación requiere de un pensamiento positivo constante, continuado en el tiempo. La competencia exterior, fomenta estados de ansiedad, rivalidad extrema y malas conductas que alimentan, precisamente, los pensamientos negativos. En cambio, la competencia interna, hecha de forma razonable y objetiva, alimenta los pensamientos positivos.

22

Entrenando la motivación (IV): anota tus objetivos

Diversos estudios han demostrado que existen más posibilidades de cumplir un objetivo si este se anota o se deja por escrito.

En concreto, un estudio llevado a cabo por la *University of Southern California (USC)* demostró que las personas que anotan sus objetivos, planifican los pasos a seguir y comparten los progresos con familiares y amigo, tienen un 33% más de posibilidades de cumplir su objetivo que las que únicamente piensan en él y lo dejan en su mente.

Cuando sientas una motivación enorme por realizar algo anótalo en una hoja. Escribe el objetivo y posteriormente compártelo con amigos y familiares. Dejar por escrito un pensamiento ayuda a organizarlo. La mente es en ocasiones muy volátil y no es fácil detectar cuándo un pensamiento es importante o no. Puede quedar en la memoria como una mera ocurrencia. Al escribirlo lo estamos convirtiendo en una idea formal y extraemos, de un proceso abstracto, algo concreto con lo que empezar a trabajar. Visualizar una idea siempre nos da una mejor perspectiva y promueve la acción.

Incluso puedes hacerlo público en tu entorno y en tus redes sociales para que todos tus conocidos lo vean. La idea es que adquieras un compromiso, no solo contigo mismo, sino también con los demás. De este modo estarás llevando un paso más allá la competición contigo mismo de la que hablábamos en el capítulo anterior.

Al hacer público un objetivo tus probabilidades de éxito aumentan ya que, ahora, esa competición contigo mismo tiene espectadores que te animan y apoyan.

Comparte tus progresos

Si haces públicos tus objetivos y tu compromiso, es importante también que compartas tus progresos. El ánimo de la gente de tu entorno te ayudará a seguir adelante y será una recompensa por cada uno de los pasos que vayas dando en la buena dirección.

También te será útil en los momentos de flaqueza. Para mí fue decisivo en mis inicios como emprendedor. Yo había compartido en público mis proyectos y mis conocidos me preguntaban cómo me estaba yendo y cómo evolucionaban mis negocios. Eso ejerció un efecto multiplicador de mi motivación cuando las fuerzas tendían a flaquear, al verme obligado a actuar en aquellos momentos de bajón, al pensar que no podía permitirme fallar y faltar a mi palabra ante los demás.

No se trata de que se convierta en una presión social insoportable sino solo una forma de presión suave que nos evite posponer las acciones y procrastinar.

23

Entrenando la motivación (V): el deporte

De todos son conocidos los efectos positivos del deporte y el ejercicio físico para mantener la salud de nuestro cuerpo y nuestra mente, y ese es el motivo más habitual que esgrimen los que inician cualquier actividad deportiva.

Los beneficios físicos, mentales y emocionales son tantos que casi resultan inabarcables y, a la vez, el ejercicio físico es una de las cosas más sencillas y baratas de hacer: basta con salir a la calle a andar o correr, no necesitas mucho más.

Ejercitarse y practicar deporte no solo nos pone en forma sino que ayuda al cerebro a gestionar una serie de habilidades que pueden ser fundamentales para cualquier actividad de nuestra vida adulta.

Entre otros, el ejercicio aumenta el flujo de oxígeno hacia el cerebro, aumentando nuestra concentración, nuestra capacidad de aprendizaje y nuestra memoria. Por si fuera poco, el deporte también disminuye el estrés, al liberar tensión acumulada por nuestro cuerpo.

El deporte como regulador de nuestro bienestar

Pero más allá de los efectos meramente físicos, tanto para el cuerpo como para el cerebro, el deporte tiene un claro efecto en nuestro estado anímico y emocional. Y, como hemos visto, estar bien con nosotros mismos es uno de los pilares fundamentales a la hora de mantener la motivación ante cualquier proyecto. Para ello, el deporte nos ayuda por dos vías:

» Segregando endorfinas. El cerebro, junto a otros tejidos de nuestro cuerpo, crea y libera endorfinas, un neurotransmisor cuya misión es reducir el dolor y proporcionar placer y euforia.

» Sirviendo de distracción. El deporte supone un punto y aparte en la rutina diaria de trabajo y responsabilidades. Por ello es recomendable encontrar un deporte que nos resulte divertido y entretenido, de modo que nos apetezca practicarlo cada día al concluir la jornada laboral.

El deporte como potenciador de la motivación

El deporte es una pieza clave para potenciar el pensamiento positivo, indispensable para mantener la motivación.

Dependiendo del estrés que uno tenga y de la rutina que lleve, puede resultar complicado encontrar la motivación inicial suficiente como para practicar deporte cada día. Sin embargo, tan solo se necesita romper esa resistencia inicial hasta adquirir el hábito. Al hacerlo descubrirás cómo tu motivación por el ejercicio aumenta cada día. Cuando consigas superar esa resistencia y entrar en el círculo virtuoso del deporte verás que, lo mismo que has hecho para el deporte, lo puedes aplicar a cualquier otro proyecto de tu vida. **Quien logra encontrar los motivos para salir a correr o ir a la piscina después del trabajo aprende a encontrar también la motivación para emprender otro tipo de proyectos.**

Si la motivación es un hábito, y el deporte es un regulador fantástico de la motivación, convierte el deporte en un hábito más de tu rutina diaria y verás cómo la motivación se convierte en un elemento más de tu vida.

24

Comienza ahora mismo

Ya no hay excusas. Pregúntate qué pasaría si dejases de perder el tiempo y te pusieses a trabajar para lograr tus objetivos. Estarías dando un paso más hacia la consecución de tus sueños y eso, precisamente, te seguiría dando alas para seguir luchando por ellos.

Si tu objetivo es la independencia económica, imagínate en un futuro, llegado el momento en el que hayas logrado trabajar por tu cuenta, quizá desde casa o desde cualquier rincón del mundo, sin jefes, ni horarios, ni nadie que te diga lo que debes hacer. Esa imagen es la gasolina que necesitas para seguir alimentando tu motivación.

Es fundamental que adoptes el hábito de motivarte cada día. Oblígate a pensar cada día en los aspectos positivos de emprender las acciones necesarias para llevar a cabo ese objetivo que tienes en mente. Proyéctate en el futuro, imagínate llevando esa nueva vida que estás anhelando y ve, lucha por tus sueños. Nadie más va a hacerlo por ti. Solo tú tienes el poder de hacerlos realidad.

Sobre el autor

José Noguera (Tarragona, España, 1985) es un escritor y emprendedor experto en cine, medios audiovisuales y negocios por Internet.

Ha publicado con éxito varias obras especializadas, alcanzando varias de ellas el puesto número uno en ventas en Amazon. Entre otros títulos, es autor de *No sé qué hacer con mi vida: cómo salir del estancamiento personal y laboral*; *Emprendimiento online; Ingresos pasivos: la forma inteligente de ganar dinero; Cómo ganar dinero con un blog; Manual de fotografía* y *50 películas que deberías ver antes de morir*.

José Noguera escribe sobre negocios online, emprendizaje, motivación y desarrollo personal en su blog www.josenoguera.es